SALLE DE L'ATHÉNÉE

VENTE ARTISTIQUE

APRÈS DÉCÈS

du

TAPISSERIES DE QUALITÉ

des XVIme, XVIIme et XVIIIme Siècles

Conséquent Mobilier des styles Louis XV et Louis XVI

DE PREMIER ORDRE

ET

Quantité d'Objets d'Art moderne, en bronze, Terres cuites, Marbres, Faïences, etc., etc. *à l'état de neuf.*

Piano en Vernis Martin, de PLEYEL

PEINTURES, ARGENTERIE, ORFÈVRERIE

LINGÉRIE

Me J. DUVAL
Commissaire-priseur
28, rue Mably, 28

M. Ernest DESCAMPS
Expert Assermenté
2, rue Jean-Jacques Bel

*** 1904 ***

BORDEAUX

BORDEAUX — IMPRIMERIE G. CHARIOL
25, Rue des Frères Bonie

SALLE DE L'ATHÉNÉE

VENTE ARTISTIQUE

APRÈS DÉCÈS

du

TAPISSERIES DE QUALITÉ

des XVIme, XVIIme et XVIIIme Siècles

Conséquent Mobilier des styles Louis XV et Louis XVI

DE PREMIER ORDRE

ET

Quantité d'Objets d'Art moderne, en bronze, Terres cuites, Marbres, Faïences, etc., etc. *à l'état de neuf.*

Piano en Vernis Martin, de PLEYEL

PEINTURES, ARGENTERIE, ORFÈVRERIE

LINGERIE

Mᵉ J. DUVAL	M. Ernest DESCAMPS
Commissaire-priseur	*Expert Assermenté*
28, rue Mably, 28	2, rue Jean-Jacques Bel

1904

BORDEAUX

Planche No 1

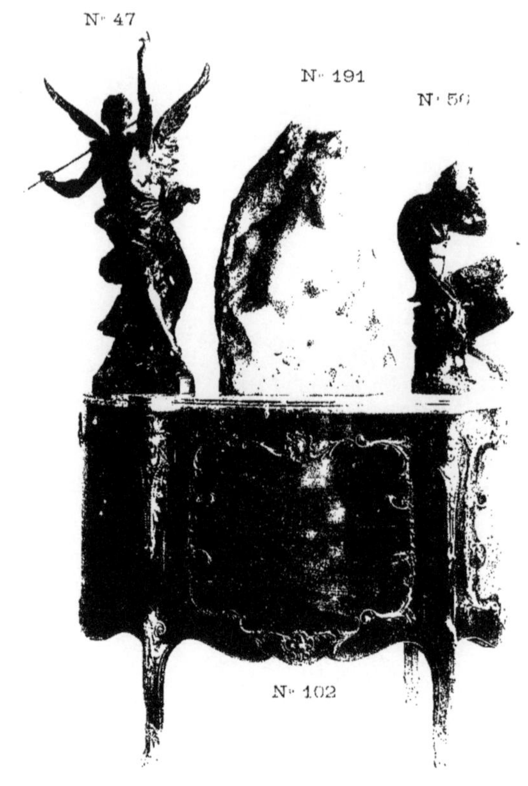

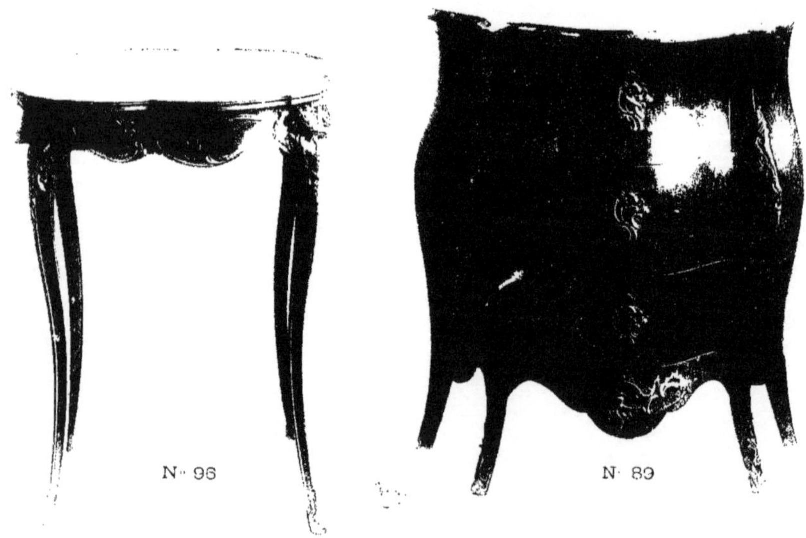

CATALOGUE

DE LA VENTE APRÈS DÉCÈS

de feu Monsieur B...

D'UN

MOBILIER COMPLET D'HOTEL PARTICULIER

CONSISTANT EN

TROIS TAPISSERIES DES FLANDRES (Bruxelles)

importantes et de qualité, des XVIe, XVIIe et XVIIIe siècles

Une quantité de Meubles variés des styles de la Régence, de Louis XV et de Louis XVI; en Sièges divers : Chaises, Fauteuils, petits Canapés, Gondoles, Banquettes, Tabourets, Écrans, Paravents, Petit meuble de salon, recouvert en tapisserie d'Aubusson tout soie extra fine; Consoles, Glaces, Vitrine en bois sculpté doré; Commodes, Tables, Guéridons, Étagères en marqueterie de bois de couleur, fines garnitures bronze ciselé et doré, Crédence, Piano à queue de Pleyel en vernis Martin à sujets pastoraux; Bronzes, Terres cuites, Marbres, Faïences, Garnitures de cheminées, Vases.

ORFÈVRERIE, ARGENTERIE

Le tout de premier ordre, provenant des premières Maisons de Paris et de Bordeaux
Modèles inédits

PEINTURES

DE PLUS

UNE QUANTITÉ DE BONS MEUBLES, LINGERIE, etc.

Dont la Vente aura lieu

à Bordeaux, Hôtel des Ventes de l'Athénée, rue Mably, n° 28

PAR LE MINISTÈRE DE
Me J. DUVAL
Commissaire-priseur
Rue Mably, 28

ASSISTÉ DE
M. Ernest DESCAMPS
Expert assermenté
Rue Jean-Jacques-Bel, 2

EXPOSITION

CONDITIONS DE LA VENTE

Elle sera faite exclusivement au comptant, les acheteurs paieront **cinq pour cent** *en plus des prix d'adjudication et 10 centimes d'étiquette.*

L'exposition ayant permis aux acheteurs de se rendre compte de la nature des objets et de leur état, il ne sera admis aucune réclamation une fois l'adjudication prononcée.

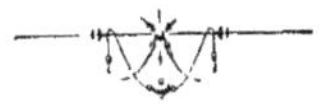

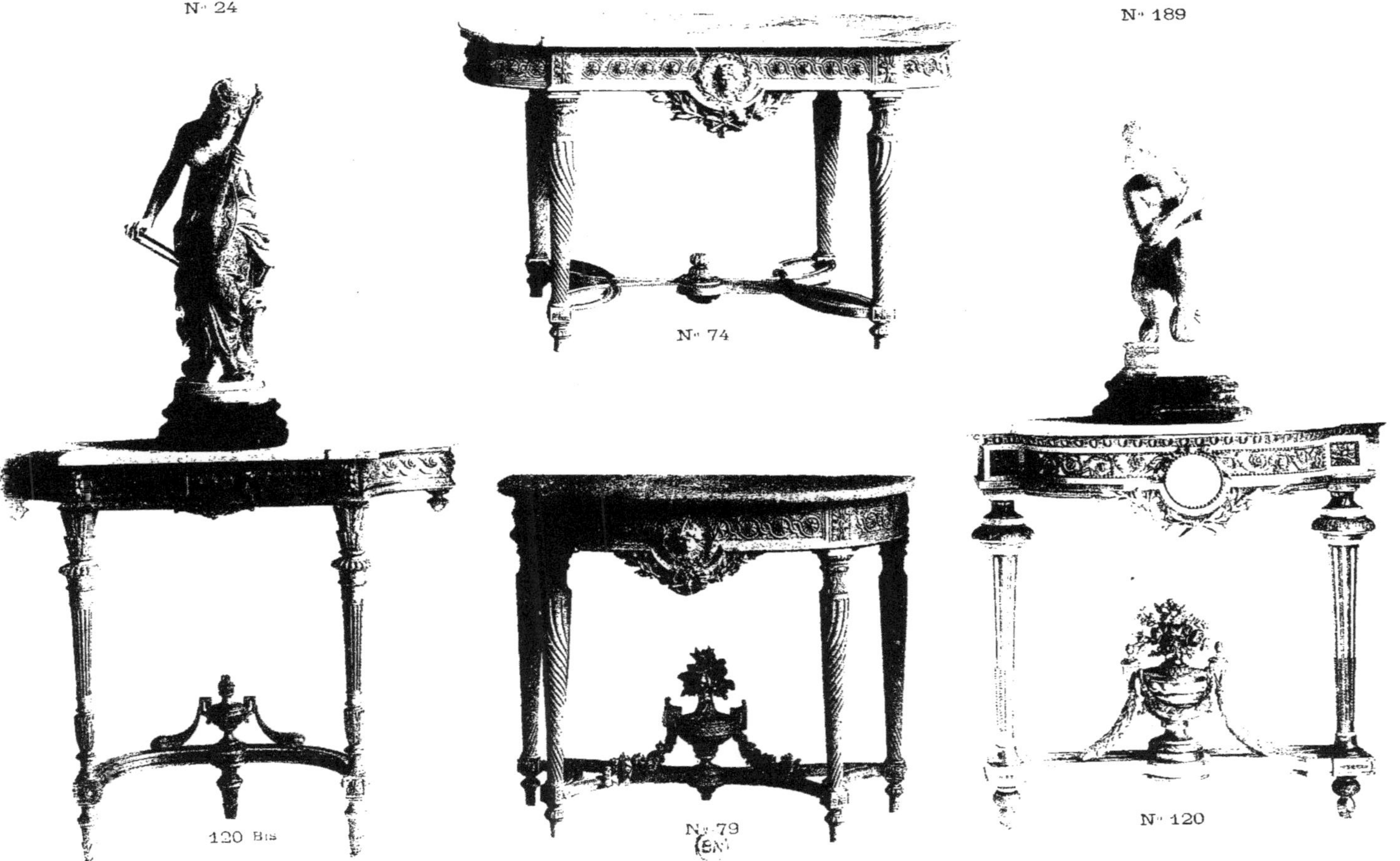
N° 24
N° 74
N° 189
120 Bis
N° 79
(BN)
N° 120

DÉSIGNATION DES OBJETS

1 — **Lot d'objets de vitrine à diviser.**

FAÏENCES, PORCELAINES, CRISTAUX

2 — **Delft** (*Imitation*). Une paire de porte-fleurs polychrome.

3 — **Delft** (*Ancien*). Une paire de potiches cotelées camaïeu bleu sur fond blanc, sans couvercles.

Haut., 27 cent.

4 — Plat vide-poche moderne, monture bronze.

5 — **Delft** (*Imitation*). Petit cheval galopant, polychrome.

6 — **Chine** (*Moderne*). Une paire de potiches bleu et rouge.

7 — **Chine** (*Moderne*). Petit bol, polychrome.

8 — **Canton** (*Moderne*). Potiche, polychrome.

Haut., 40 cent.,

9 — **Chine** (*Ancien*). Bouteille, camaïeu bleu, sur fond blanc, le col est détaché.

Haut., 40 cent.

10 — **Saxe** (*Moderne*). Paire de groupes, polychrome, à deux personnages sujets mythologiques.

Haut., 28 cent.

11 — Une paire de tubes cristal blanc, avec émaux de couleur.

12 — Une paire de tubes cristal, polychrome.

13 — **Nevers** (*Moderne*). Une paire de vases forme Médicis, les anses représentant des satyres, sujets bibliques en médaillons (genre Castelli).

Haut., 1 mètre.

14 — **Nevers** (*Moderne*). Grand Vase même genre, 3 enfants sur l'épaulement de la panse.

15 — **Nevers** (*Moderne*). Une paire de grands Vases polychrome, genre Castelli de forme renflée, sur piedouche, décorés de médaillons fleurs, sujets mythologiques, sur fond d'arabesque, à anses très saillantes représentant des chimères.

Haut. 50 cent.
Larg. 50 cent.

16 — (*Moderne*). Une paire de grands Vases, faïence italienne, en polychrome, genre Castelli, sujets et médaillons entourés d'ornements style renaissance, réparation à l'un des deux. Signé Bottoglia.

Haut. 70 cent.

OBJETS D'ART MODERNE

Statuettes, Bronzes, Faïences, Garnitures de cheminées, Lustres Lampadaires, Appliques, Chenets, etc., etc.

17 — Une paire de petits flambeaux porcelaine, à fond bleu, à bouquet de roses, garni bronze.

18 — Une paire d'appliques, style Louis XV, en bronze doré, à trois lumières.

Haut. 42 cent.

19 — Une paire de petits flambeaux, bronze vert et bronze doré, style Premier Empire, à deux lumières, faunes tenant une branche à chaque bras.

Haut. 35 cent.

20 — Une applique importante en bronze doré, style Renaissance, à trois lumières.

Haut. 75 cent.

21 — Une paire de chenets style Louis XV, bronze ciselé doré, feuilles d'acanthes.

22 — Coffret à bijoux rectangulaire, en porcelaine moderne de Cappodi, monté avec sujets mythologiques en polychrome, sertissure bronze doré.

Long. 26 cent.

23 — Lampadaire à trépied, bronze vert et doré, style Pompéïen

Haut. 1m60.

24 — Statuette en faïence artistique, d'après Carrier Belleuse, représentant une jeune femme du XVIe siècle jouant de la viole. Signée.

Haut 75 cent.

Planche N° 3

Planche N° 3

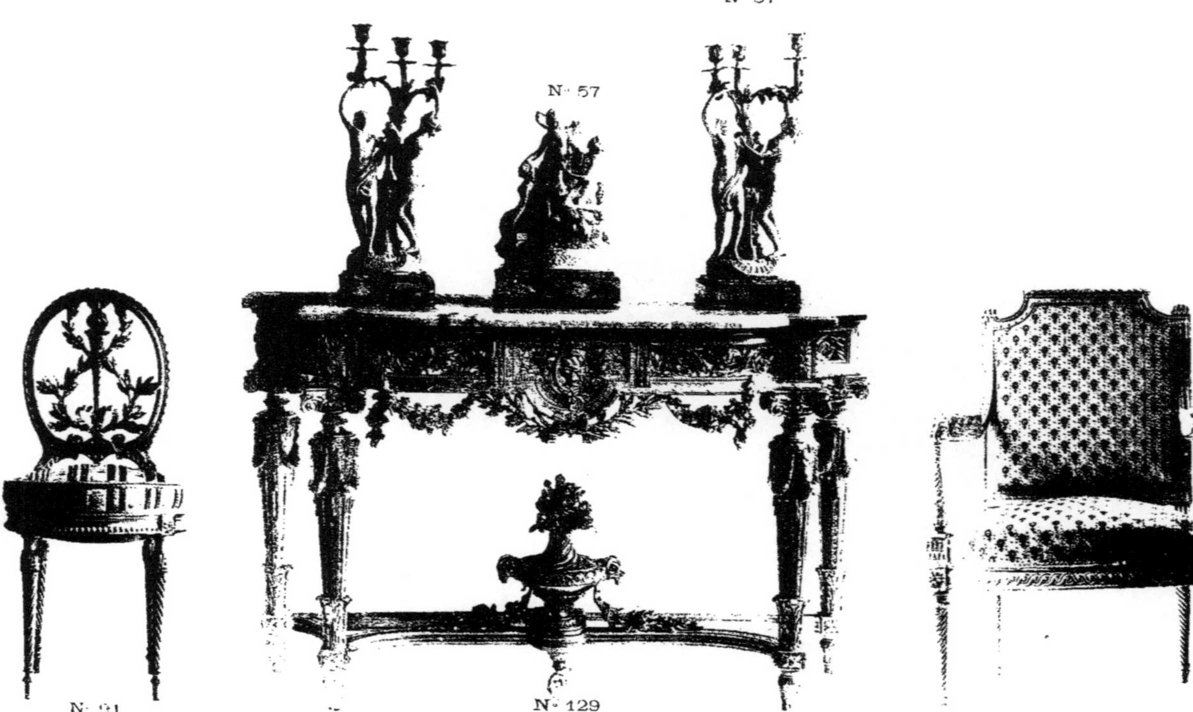

25 — Garniture de cheminée, style Louis XV, en bronze doré, composée de : 1° une pendule, sujets amphitrite et tritons.

Haut. 60 cent.
Larg. 40 cent.

2° Une paire de candélabres à six lumières.

Haut. 70 cent.

26 — Plaque, émail de Limoges à émaux peints translucides, représentant la Charité dans un cadre bronze ciselé, doré, style Régence, en hauteur, ornementé d'amours, têtes d'anges, mascarons, pièce de qualité.

Haut. 45 cent.

27 — Coupe en porcelaine de Chine (Caton) à personnages, monture bronze doré à piédouche.

28 — Grande paire de chenets, bronze doré, style Louis XVI, vases flambants à serpents et enguirlandés sur socles, reliés par une galerie concave, garde cendres.

Haut. 65 cent.
Long. 40 cent.

29 — Une paire de candélabres, représentant des amours tenant des branches, à huit lumières.

30 — Lanternes d'antichambre, style Louis XV, représentant une jeune femme, agrémentée de feuilles en bronze doré, globe en cristal chantourné en forme de toupie.

Haut. 90 cent.

31 — Une paire de candélabres, style Louis XVI, à sept branches, en forme de trépied, bronze doré et marbre blanc. (*Voir planche N° 6.*)

32 — Buste de femme, terre cuite (le Roseau). Signé G. Coudray.

Haut. 60 cent.

33 — Une paire de grands vases, style Louis XVI, de forme ovoïde, en porcelaine, genre Sèvres, fond gros bleu avec médaillons, sujets pastorales et paysages encadrés d'ornements or en reliefs, monture bronze doré à anses formées par des feuilles d'acanthes et perles, les pieds carrés, couvercles.

Haut. 80 cent.

34 — Jardinière ovale en porcelaine de Saxe, polychrome, style Louis XV, à reliefs, fleurs et ornements, deux enfants en statuettes, sur l'épaulement des deux extrémités.

Larg. 50 cent.
Haut. 40 cent.

35 — Une paire de petits vases, en onyx verdâtre, de forme cylindrique, style Louis XVI, les anses, les têtes de satyres enguirlandées, en bronze doré ainsi que la collerette des vases, les boutons et les pieds.

Haut. 32 cent.

36 — Une paire de bouts de table, style Louis XVI, à trois branches formées de feuilles d'acanthes, à branches cannelées, enguirlandées de feuilles de laurier, reposant directement sur un plateau à pieds de biche.

Haut. 34 cent.

37 — Importante garniture de cheminée, style Renaissance en bronze ciselé doré, composé de :

1° Une pendule représentant deux jeunes filles étendues, accoudées sous une sphère marquant les heures, surmontée de deux amours.

Long. 85 cent.
Haut. 50 cent.

38 — Grand vase brûle-parfum chinois, en bronze, couvercle surmonté d'un aigle, le tout soutenu par le grand dragon impérial, patine marron.

Haut. 1 m. 75.

39 — Charmant petit lustre, style Louis XV, en bronze doré, neuf lumières, monté à l'électricité.

Larg. 70 cent.

40 — La Mélodie, statue patine olive, de Carrier Belleuse.

Haut. 85 cent.

41 — Lanterne de vestibule de forme cylindrique, style Louis XVI, bronze à plateau, garni de panaches, guirlandes, nœuds, galerie, fumivore cristal.

Haut. 1 m. 05.

42 — Charmante paire de petits vases, style Louis XVI, en porcelaine, fond bleu turquoise, décorés de médaillons représentant des pastorales, des fleurs, entourés d'un gallon de petites perles, émail, rubis, en relief ornementé d'or, monture bronze doré à collerette, anses et pieds, couvercles.

Haut. 35 cent.

43 — Une paire de chenets en bronze doré, style Louis XV, à personnages chinois sur ornements fleuris, belle qualité.

Larg. 45 cent.
Haut. 65 cent.

44 — Lampadaire style Louis XVI, à trois lumières électriques, formé de trois amours, en bronze vert florentin, portant des trompes de

Planche N° 4

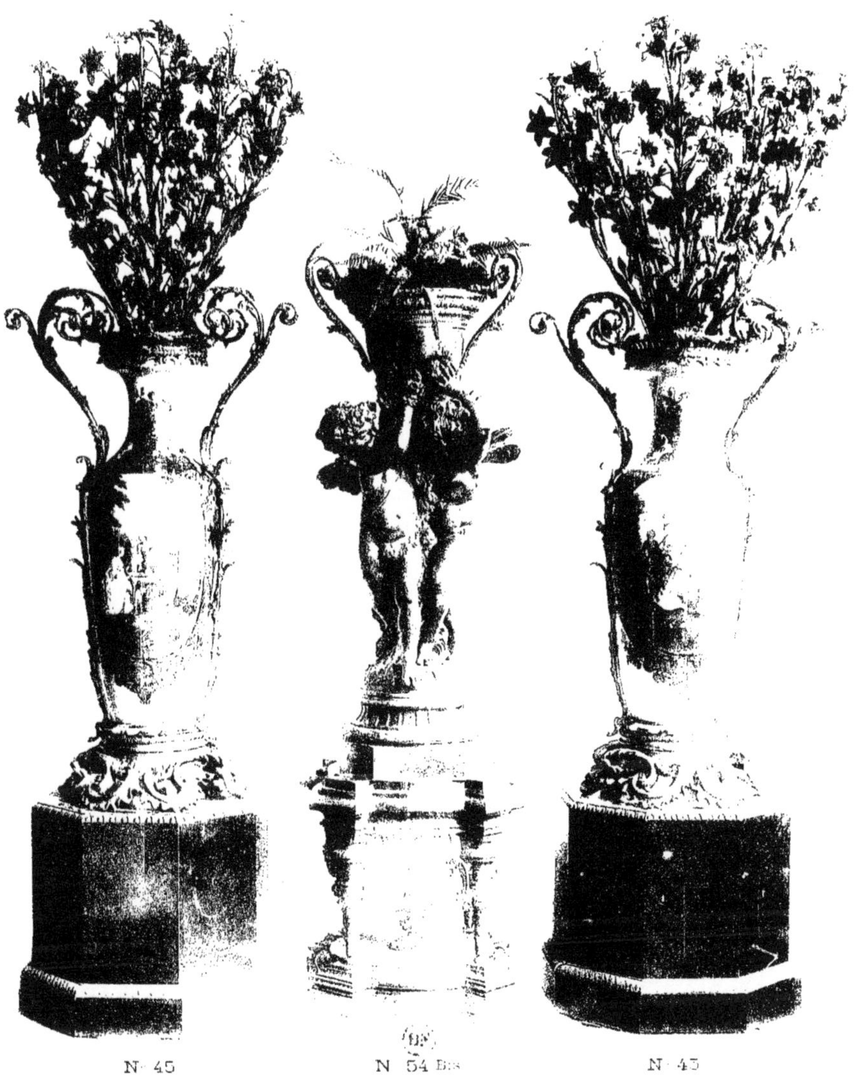

N° 45 N° 54 Bis N° 43

chasse, le tout sur socle marbre forme de colonne cannelée, base bronze doré, support bois sculpté en forme de gaine à section en losanges, sur 3 pieds.

Haut. totale 1 m. 85

45 — Une paire de grands vases, style Louis XVI, à médaillons porcelaine, fond bleu, paysages et fleurs, entourés d'ornements en or, garniture bronze doré, collerettes, anses grand bouquet de branches à fleurs de lys et de roses. Epoque 1830. Attribuée à Sèvres.

Haut. 1 m. 80.

46 — Suspension de petit salon en bronze doré et bronze peint, représentant un globe constellé cerclé en écharpe, avec les signes du zodiaque, suspendu par 4 branches dorées.

Haut. 1 mètre.

47 — La pensée prenant son vol, statuette en bronze, patine florentine. Signé E. Pigault.

Haut. 90 cent.

48 — Pendule style Boule, sur fond écaille rouge, grand modèle, les 4 pieds ornementés de chevaux marins en bronze, sur le chapeau une statue de Minerve, le sujet de la vitre, Apollon, cul-de-lampe à feuilles d'acanthe et mascarons.

Haut. 1 m. 60.

49 — Une paire de vases de cheminée, style Louis XVI, marbre blanc, bronze ciselé doré, de forme ovoïde, à tête de bélier, enguirlandés, bouquet de roses à cinq lumières.

Haut. 70 cent.

50 — Paire de chenets de salon, style Louis XVI, en forme de vases brûle-parfum à anses et enguirlandés, reposant sur un socle à médaillon, galerie à balustre.

Haut. 38 cent.
Larg. 32 cent.

51 — Statue porte-bouquets en terre cuite polychromée, représentant une jeune fille élevant un vase soutenu par des amours.

52 — Petit lustre bronze doré, style Louis XVI, à dix lumières en forme de vase suspendu par trois chaînes d'où s'échappent en retombant dix branches de rosiers avec fleurs aux extrémités.

Haut. 1 m. 15.

53 — Une paire d'appliques à deux lumières, allant avec. (On peut séparer).

54 — Deux grandes lanternes de vestibule, style Louis XVI, de forme cylindrique, galerie formant collerette ajourée en haut et en bas, suspendues par quatre branches en forme de rinceau, les montants de quatre glaces reliés par une draperie. (On peut séparer.)

Haut. 1 m. 20.

54bis — Groupe bronze formé de deux amours supportant un vase à anses, support à colonnettes.

Haut. cent.

55 — Statue lampadaire en bronze, la Nymphe au chardon; jeune fille légèrement voilée, tenant une branche de chardon à six lumières, les jambes dans des plantes aquatiques. Signée F. Rolard.

Haut. 1 m. 70

56 — Jeune satyre pleurant assis sur un tertre, bronze patine antique, de Clodion.

Haut. 60 cent.

57 — Garniture de table en biscuit et bronze ciselé doré, style Louis XV, composé de :

1° Un groupe de personnages, la Toilette de Vénus.

Haut. 37 cent.

2° Une paire de bouts de table représentant chacun deux femmes supportant des branches à trois lumières.

Haut. 55 cent.

58 — Grand vase jardinière, rond, en faïence, fleurs sur fond jaune clair, monture bronze doré, les anses en mascaron; le tout sur un plateau style Louis XVI.

Haut. 50 cent.
Diam. 45 cent.

59 — Grand lustre entièrement en bronze ciselé, doré, style Louis XVI, à branches, forme rinceau dit de Solambier, baldaquin au haut de l'enfilade. Trente-six lumières.

60 — Une paire d'appliques dito, à cinq branches.

61 — Grand vase en faïence, cache-pot en forme de grand bol, décoré de branches de fleurs polychrome à émaux en relief sur fond bleu turquoise clair, orné au bord d'un galon à relief oriental.

Haut. 55 cent.
Diam. 55 cent.

Pied bois noir sculpté, allant avec.

Haut. 55 cent.

62 — Une paire de grands chenets en bronze ciselé, doré, bruni, style Louis XVI, représentant des vases brûle parfum sur socles cannelés, entourés de feuilles de chêne et laurier, reliés à une autre colonne par un bandeau de laurier.

Haut. 41 cent.
Long. 40 cent.

63 — Grand lampadaire de vestibule en bronze, patine florentine et bronze ciselé doré, représentant un amour tenant une corne d'abondance d'où partent quatre branches porte-lumière, l'amour

Planche N° 5

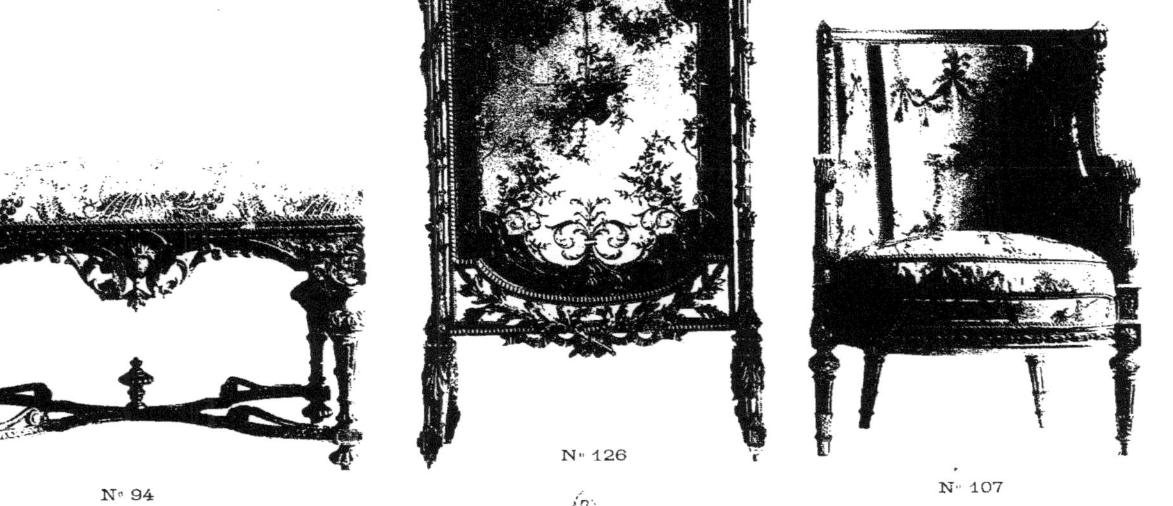

N° 94 N° 126 N° 107

est sur tertre en bronze doré ciselé, ornementé de feuilles d'acanthe.

Haut. 1 m. 80.

Le tout sur socle de marbre de couleur rouge, de forme carrée, à panneau en relief et moulures.

Haut. du socle 1 m. 10.

64 — Grande jardinière ronde en forme de bassin, faïence italienne moderne, style Renaissance, reposant sur quatre pieds en forme de pilastres, ornementés de mascarons.

Haut. 35 cent.
Diam. 75 cent.

Avec son socle, style Louis XVI, acajou et bronze doré, de forme carrée à angles rentrants.

Haut. 45 cent.

65 — Grande suspension de salle à manger bronze nickelé et doré, style Renaissance, à douze lumières, abat-jour à timbre cristal, montée à l'électricité.

66 — Garniture de foyer même style.

Hauteur des chenets à barre d'appui pieds 85 cent.

67 — Pendule de la fin du XVIIIe siècle, bois sculpté, doré et plomb également doré, en forme de temple

Hauteur avec socle 65 cent.

68 — Grand Christ ivoire moderne sur croix chêne.

Haut. 65 cent.

68 bis — La Esmeralda, statue de jardin, en bronze vert, grandeur nature. Signée, E. Tassel, Paris. (Le socle n'est pas compris).

AMEUBLEMENTS D'ART
de Styles divers

Sièges, petits Meubles, Tables, Commodes, Meubles de Salon, Meubles de Chambre, etc. etc.

69 — Un fauteuil de bureau, style Louis XV, rotiné, laqué blanc, à trois pieds sur le devant.

70 — Deux fauteuils, style Louis XV, raquetés, laqués blanc.

71 — Petite table guéridon carrée, à quatre pieds, style Louis XVI, croisillon double, entièrement sculptée, laquée gris clair, table marbre blanc.

72 — Deux chaises bois doré, style Louis XVI, entièrement sculptées, le dossier à lyre, balustres cannelées, le siège à bidet, pieds cannelés, à asperges, garnies soie brodée.

73 — Petit canapé rotiné, style Louis XVI, laqué gris clair, entièrement sculpté, à rubans, feuille d'acanthe au milieu du dossier, le même motif que les deux chaises dorées n. 72.

Long. 1 m. 15.

74 — Table de milieu, style Louis XVI, de forme rectangulaire, les côtés arrondis à ressaults, entièrement sculptée, entrelas à la ceinture, pieds à chapiteaux corinthiens, à cannelures, chantournés, croisillon double à perles, table onyx, laquée gris verdâtre.

Long. 1 m. 20.
Larg. 68.

75 — Deux fauteuils raquetés en noyer sculpté, peints en vert rechampin, filets or, style Régence, grand modèle.

76 — Petit bureau cylindre, style Louis XVI, acajou et cuivre, trois tiroirs sur le dessus, marbre galerie.

77 — Deux chaises laquées gris verdâtre, filets or, style transition Louis XV, Louis XVI, garnies d'anciennes tapisseries d'Aubusson à fleurs.

78 — Un fauteuil bois sculpté, style Louis XV, laqué, garni d'ancienne tapisserie d'Aubusson à fleurs, dessins de Ranson.

79 — Console à ressaults à 4 pieds croisillon, style Louis XVI, sculpté, doré, marbre blanc.

1 m. 05.

80 — Grand fauteuil bois doré, style Louis XIV, garni soie brochée, sculptures en feuilles d'acanthe, avec accoudoirs et avec pieds, dossier recouvert.

81 — Table à Jeu, rectangulaire, style Louis XVI, tout acajou, pieds ronds, à cannelures chantournées jusqu'au milieu, garnie de frises en feuilles de laurier, sujets, bagues, sabots, tour de table en bronzes ciselés et dorés, de qualité.

82 — Grand coffre à bois en chêne sculpté, du XVIe siècle, à rosaces et moulures, travail espagnol, bon état.

Long. 2 m. 30.
Haut. 0 m. 75.

83 — Un fauteuil et deux chaises raquetés, style Directoire, les sculptures en blanc, sur fond vert d'eau.

Planche N° 6

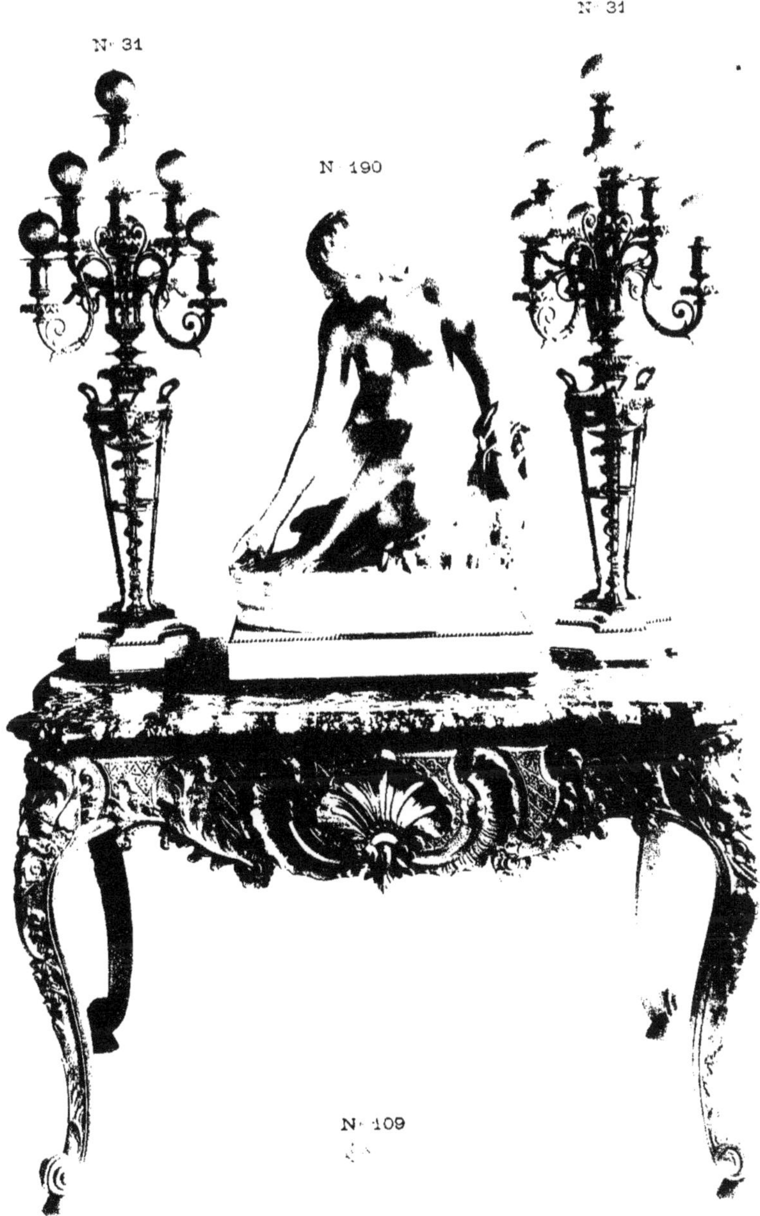

84 — Console demi-lune, style Louis XVI, à quatre pieds, croisillon double entièrement sculpté, laquée gris, allant avec la table du milieu n° 74

Long. 1 m. 05.

85 — Petit guéridon rond à quatre pieds, style Empire, acajou, garni bronzes ciselés, dorés, dessus de marbre.

Diam. 38 cent.

86 — Autre petit guéridon, quatre pieds carrés, même style.

Diam. 38 cent.

87 — Secrétaire bureau à cylindre, style Louis XVI, tout acajou, marbre sur les tiroirs, galerie cuivre, entrées bagues et asperges dans les cannelures des pieds.

Long. 1 m. 30.

88 — Table bureau style Louis XV, plaquée de bois de rose et palissandre à deux faces, garnie de bronze, la table sertie d'une moulure avec agrafes aux angles.

Long. 1 mètre.
Larg. 55 cent.

89 — Petite commode, style Louis XV, bossue, très galbée des côtés, en marquetterie garnie de bronze, marbre couleur, deux tiroirs.

Larg. 75 cent.
Prof[r] 46 cent.

90 — Fauteuil de cabinet en X, en noyer sculpté, style du commencement de la Renaissance, têtes de moines aux angles du dossier et têtes de harpies, avec accoudoirs, travail très artistique.

91 — Deux petites chaises fantaisie, sculptées, dorées, style Louis XVI, dossier à médaillons complètement ajouré, sujet Carquois et branches de laurier, siège circulaire, ceinture à raies de cœur, pieds chantournés, feuilles de laurier.

92 — Table guéridon ronde, à quatre pieds, style Louis XVI, entièrement sculptée, rubans avec draperie à la ceinture, croisillon, table onyx.

Diam. 55 cent.

93 — Meuble de salon, style Louis XV, en tapisserie d'Aubusson moderne, fables de Lafontaine aux dossiers, paysages aux sièges, les bois sculptés, dorés, sur fond nuance havane rosé, composé de

1 canapé. Long. 1 m. 65.
2 fauteuils.
4 chaises.

94 — Grand tabouret bois doré, style Louis XIV, à croisillon, recouvert soie, entièrement sculpté d'après un modèle exceptionnel, exécution parfaite.

Long. 75 cent.
Larg. 60 cent.

95 — Grande crédence à dressoir, style Renaissance, en noyer sculpté, sujets mythologiques.

Long. 1 m. 60.
Haut. 2 m. 50.

96 — Table de milieu, de forme rectangulaire, angles arrondis à ressault, style Louis XVI, en marquetterie de bois de couleur; sur la table, sujet allégorique représentant les sciences; les quatre plaques de la ceinture également marquetée, représentant des Jeux d'enfants. Les garnitures de bronze doré tout le tour, aux angles et aux nervures des pieds, sont comme la marquetterie de qualité extra.

Long. 1 m. 10.
Larg. 60 cent.

97 — Petit fauteuil bas, en bois sculpté, rotiné; le tout doré, de style Louis XV.

98 — Petit tabouret ovale à quatre pieds, croisillonné et rotiné, entièrement sculpté et doré.

Larg. 0.36 cent.
Haut. 45 cent.

99 — Deux chaises carrées sculptées, dorées, style Louis XVI, à balustres cannelées et draperie recouverte soie même style.

100 — Chaise longue, en trois parties, style Louis XVI, entièrement sculptée et dorée, garnie soie verte, perles, rubans, raies de cœur

Long. 2 m.
Larg. 0.65 cent.

101 — Table fantaisie à deux plateaux, de forme ellyptique, style Louis XVI, acajou, marquetterie en losanges, garnie de bronze, les plateaux sertis de moulures; en plus, sur le tout, un plateau mobile en glace serti d'une galerie bronze doré ajouré.

Larg. du grand plat 0.90 cent.
Haut. 0.85 cent.

102 — Commode de milieu, style Louis XV, forme mouvementée en marquetterie de couleur, fleurs et sujets avec bronze d'encadrements, tiroirs de chaque côté, petites armoires à droite et à gauche dont les portes sont également garnies de bronze, Cariathides aux 4 angles, marbre de couleur.

Long. 1.10.
Larg. 0.75.

Planche N° 7

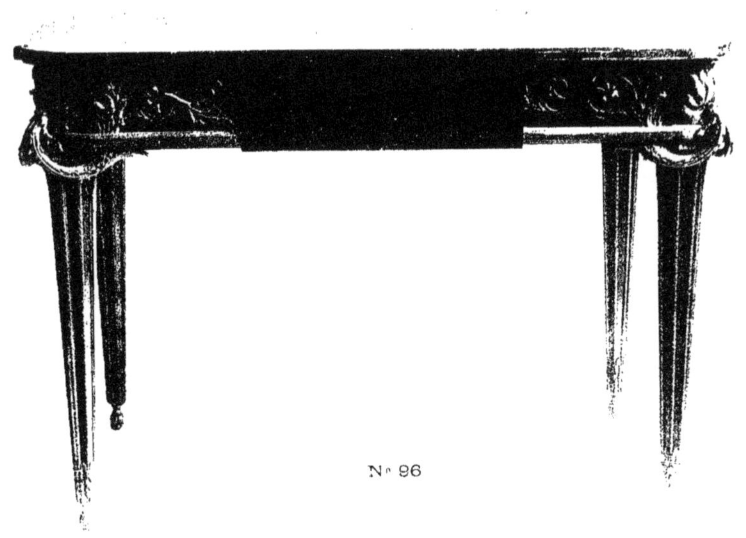

N° 96

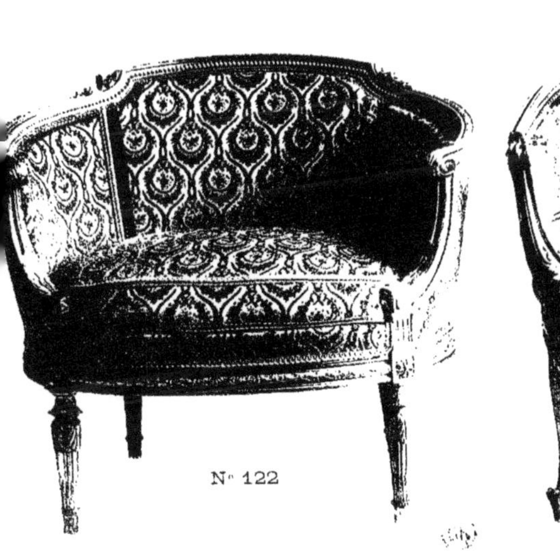

N° 122

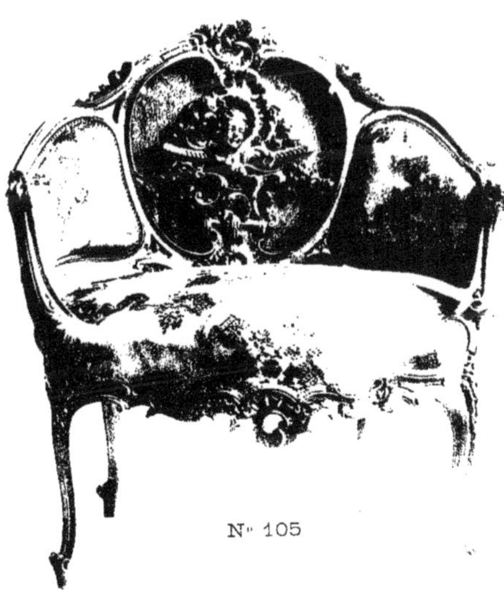

N° 105

103 — Petit guéridon rond, à 4 pieds, style Louis XVI, entièrement sculpté, laqué vert, dessus de marbre de couleur.

Diam. 0.45.

104 — Meuble de salon, style Louis XVI, carré, bois sculpté, doré, recouvert de soie, composé de.

1 petit canapé Long. 1.20.

4 Fauteuils. (*Pour détail voir planche N° 8.*)

105 — Petit canapé corbeille, style Louis XVI, entièrement sculpté, doré, garni de velours de Gênes, à reliefs, rose sur fond gris argent. (*Voir planche N° 7.*)

Long. 1.05.

106 — Banquette style Louis XVI, bois doré sculpté, rotiné, peintures tout le tour, garni de soie, coussin doré, même style. (*Voir planche N° 9.*)

Long. 1.05.

107 — Deux grandes Bergères de salon, à oreiller, style Louis XVI, entièrement sculptées et dorées, garnies de soie, même style. (*Voir planche N° 5.*)

108 — Deux chaises, même style, même facture, allant avec.

109 — Grande table de milieu de salon, bois doré, style Louis XIV entièrement sculptée, ajourée, palmiers, feuilles d'acanthes rosaces, mascaron etc., marbre de couleur rouge et gris. (*Voir planche N° 6.*)

Long. 1.20.
Larg. 0.80.

110 — Petite table guéridon, style fin de la régence, à bords contournés, ceinture galbée garnie de bronze, dorées sur toutes les parties saillantes, cariathides, en haut des pieds, marbre de couleur, sertissure en moulure et à gorges également en bronze doré.

Larg. 0.60.

111 — Grand socle, bois sculpté, peint et doré enforme de mausolée rectangulaire sur pieds, porté par 2 anges tenant des guirlandes de fleurs, le tout sur plateau à 4 pieds, feuilles d'acanthe, table marbre blanc.

Long. 1.60.
Haut. 1.10.

112 — Petite table guéridon, rond, à 4 pieds, style Louis XVI, tout en bronze, ciselé, doré, les baguettes des pieds peintes en bleu de France, enguirlandés de roses, reposant sur 4 pieds de biche, croisillon en bronze doré, dessus de marbre.

Diam. 0.45.

113 — Vitrine à bibelot, bois entièrement sculpté, doré, style Louis XVI, sur table à 4 pieds.
Haut. 2.50.
Larg. 0.75.

114 — Paravent à 3 feuilles, bois doré, style Louis XVI, entièrement sculpté et raies de cœur perles, couronnes de lauriers, panneaux soie brodée, glace dans le haut.
Haut. 1.65.
Larg. 0.52.

115 — Petite chaise fantaisie, noyer sculpté nature, rechange et garniture velours de Gènes.

116 — Une grande banquette, noyer naturel, style Louis XIII, à pointes diamants et rosaces.
Long. 2.
Haut. 0.60.

117 — 2 grands fauteuils, à têtes de béliers, noyer sculpté, naturel, style Henri II, recouverts tapisseries modernes.

118 — Petit bureau de dame, style Louis XV, en marquetterie hollandaise, abattant à dos d'âne, côtés galbés.
Larg. 0.60.

119 — Paravent style Louis XV, bois sculpté, peint vert mousse, les sculptures en gris, les panneaux garnis de 4 peintures sur toile d'après Boucher.
Haut. 1.60.
Largeur des feuilles 0.70.

120 — Console arrondie sur le devant et à ressaults, en retrait sur les côtés à 2 pieds, entièrement sculptée, ajourée et dorée, style Louis XVI, superbe vase dans le bas et médaillon peint sur le devant, amour sur fond bleu ciel d'après Boucher.
Long. 0.95.

120bis — Console à ressaults, style Louis XVI, entièrement bois sculpté, doré, à 2 pieds reliés par un motif. Vase enguirlandé sur barre curviligne.

121 — Une paire de bergères, gondoles profondes, style Louis XV, à compartiments remarquables de formes et d'exécution, garniture soie.

122 — Petit Canapé corbeille, style Louis XV, entièrement sculpté, motif ajouré au dossier, rechampin or sur fond gris ardoise, garni soie, même style, fleurs enrubannées sur fond gris rosé.
Larg. 0.80.

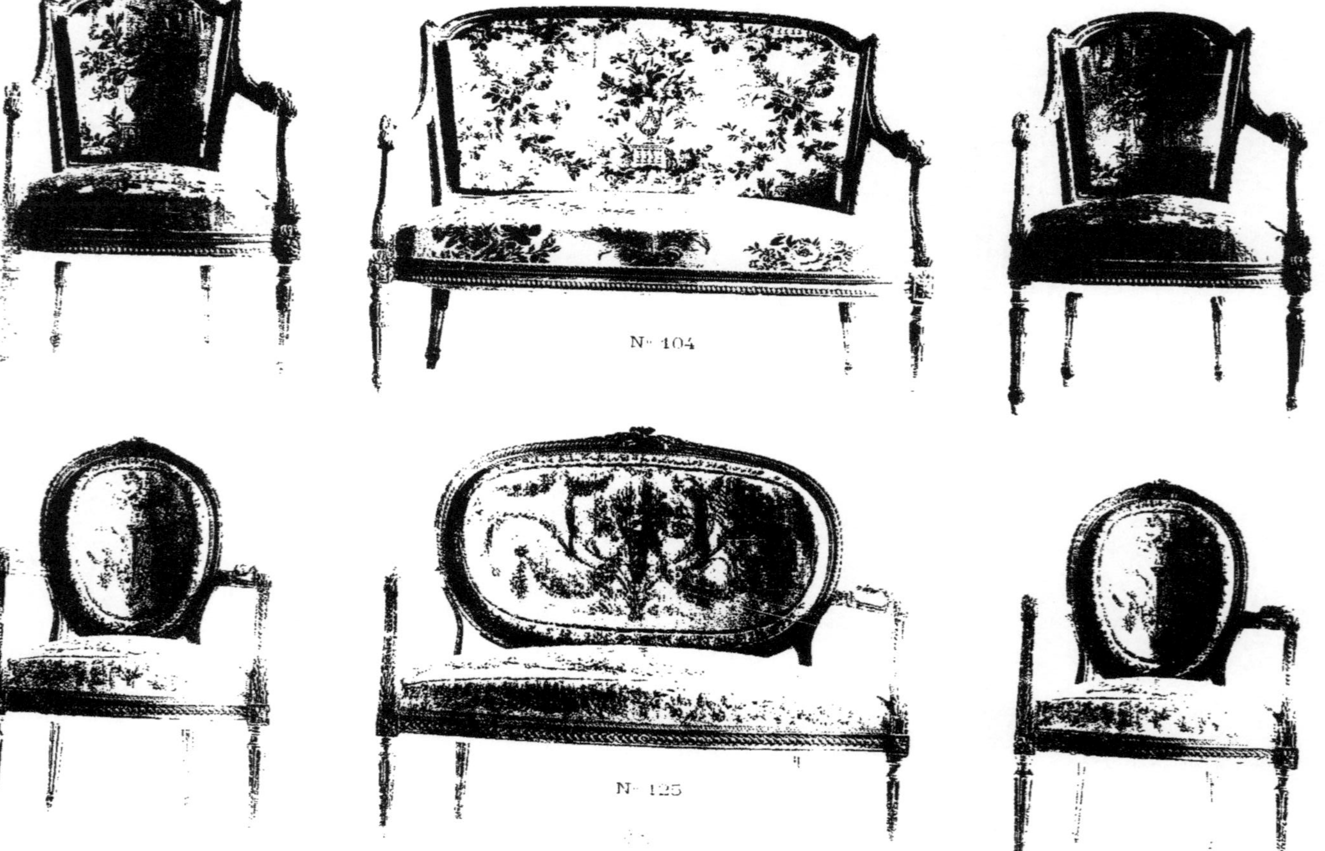

N° 104

N° 125

123 — 2 grandes gondoles, style Louis XV, noyer naturel, sculpté, à compartiments et oreillers.

124 — Petite console 1/2 lune, noyer naturel, à 2 pieds, entièrement sculptée.

Larg. 0.90.

125 — Meuble de salon, style Louis XVI, à médaillons, bois sculpté, doré, recouvert en tapisserie d'Aubusson, tout soie de qualité extra, d'un dessin et d'un coloris exquis.

1 petit canapé. Long. 1.20.

4 fauteuils. *(Voir planche N° 8.)*

126 — Un écran devant de feu entièrement sculpté, doré, style Louis XVI, garni soie brodée. *(Voir planche N° 5.)*

Haut. 1.25.
Larg. 0 70.

127 — Un fauteuil de bureau, style Louis XV, à 3 pieds par devant, rotiné laqué blanc.

128 — 2 Fauteuils, style Louis XVI, grand modèle, dossier carré, entièrement sculptés raies de cœur perles, feuilles d'acanthes et laqués vert d'eau et rose, garniture velours de Gênes, assortis, modèles très fins et de goût.

129 — Grande console, bois doré, style Louis XVI, à 4 pieds ressaults entièrement sculptée, ceinture ajourée, marbre blanc. *(Voir planche N° 3.)*

Long. 1.95.
Larg. 0.60.

Glace d°, allant avec la console.

Haut. 2.50.

130 — Petite commode, style régence, à 3 tiroirs, sur pieds relevés, marquetterie de bois de rose en treillage, garniture bronze doré, marbre.

Long. 0.96.

131 — Petite table de milieu, bois sculpté, style fantaisie très élégante, peinte réchampi or, les contours de la table décorés d'arabesques peintes sur fond or, pieds en forme de gaine ajourés, tapis velours de Gênes moderne.

Long. 1. »
Larg. 0.60.

132 — Salle à manger en noyer sculpté, style renaissance composée de :
2 grands buffets dressoirs à armoires, étagères, galeries et ouverture sur le haut et les côtés.
Une grande table à rallonges.

Long. 1.70.
Larg. 1.35.

133 — Une petite desserte.

Long. 1.20

134 — Une autre desserte, table marbre rouge.

Long. 0.85.

135 — 8 chaises à haut dossier et croisillons, pieds contournés, entièrement sculptées, garnies de cuir de Cordoue.

136 — 4 autres chaises, à pieds droits, à dossiers, recouvertes, garnies cuir de Cordoue.

137 — Chambre à coucher en noyer sculpté, style Louis XV (Nancy) composé de 2 grands lits jumeaux (modèle inédit d'une composition et exécution exceptionnelles.

Une armoire à glace à 3 portes, dont celle du milieu avec la glace.

Deux tables de nuit.

138 - Chambre à coucher, noyer sculpté, style Louis XVI, composé de :

un lit.

une armoire à glace.

une table de nuit.

GLACES

139 — Glace bois sculpté, doré. à fronton, **époque de Louis XIV.**

Haut. 1.40.
Larg. 0.70.

140 — 2 glaces, bois doré, style Louis XVI, entièrement sculptées, de forme rectangulaire, à fronton, miroir en ovale au milieu.

Haut. 1.50.
Larg. 0.80.

141 — Glace bois sculpté, doré et laqué blanc, style Louis XVI, fronton avec médaillons, fond bleu dans le haut, guirlandes de fleurs et pendentifs.

Haut. 1.75.
Long. 1. ».

142 — Petite glace, **époque Louis XV,** bois sculpté, doré.

Haut. 0.85.
Larg. 0.45.

Planche N° 9

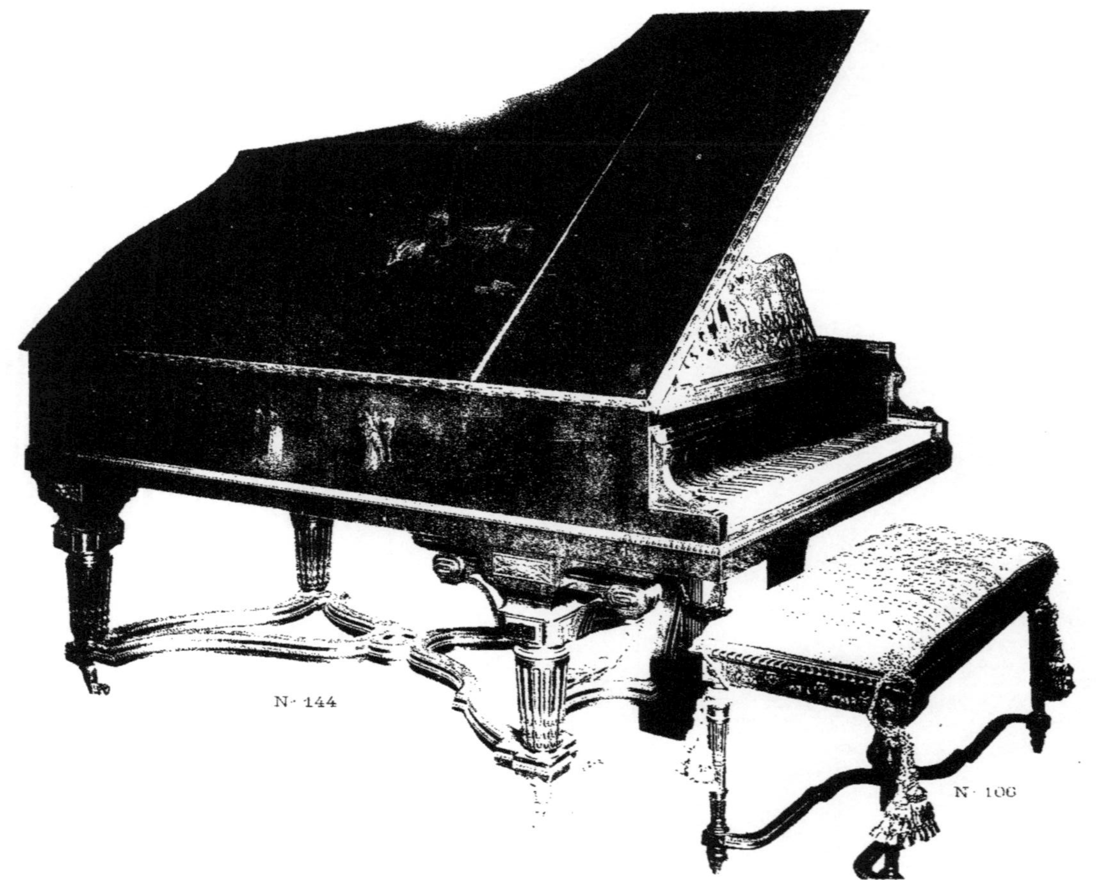

143 — Glace Louis XVI, bois sculpté, doré, baguette à perles, ganies de guirlandes de roses, fronton formé d'un grand vase de fleurs sur feuilles à caniveau, le tout reposant sur 2 pattes de lion.

Haut. 2. ».
Larg. 0.95.

144 — Piano à queue, trois quarts, de Pleyel, portant le N° 109378 du facteur, entièrement peint au vernis Martin, à sujets pastorales, genre Watteau, sur fond or, état de neuf.

TAPISSERIES ANCIENNES
de Bruxelles

145 — **Bruxelles.** — Panneau fin, à petits personnages de la fin du XVIe siècle, partage d'un butin, bordures rapportées, bon état, très bon coloris, bon dessin.

Lrg. 5. ».
Haut. 3.20.

146 — **Bruxelles.** — Panneau très fin, époque de la fin de Louis XIV, où la régence, d'un très bon dessin et d'un coloris très harmonieux, parfait état et complet.

Long. 6. ».
Haut. 2.50.

147 — **Bruxelles.** — Panneau soie très fin, époque de Louis XIV, sujet allégorique, bordures même fabrication et même époque, ayant été rapportées.

Long. 4. ».
Haut. 2.90.

148 — **Aubusson.** — Minerve couronnant l'hymen, panneau d'entre deux, très bon coloris, dessin agréable, sans bordure, dans une baguette, bois sculpté.

Larg. 0.55.
Haut. 2.70.

TAPISSERIES D'AUBUSSON

Modernes

149 — Verdures avec perspectives, cascades oiseaux d'un charmant effet. Cinq panneaux sans bordure, pouvant se raccorder dont :

un	de long	plein	2. ».
un	»	»	4.25.
un	»	entaillé.	2.20.
un	»	»	3.00.
un	»	plein	3.20.
un	»	»	0.90.
un	»	»	0.60.

Hauteur générale, 2.35.

TOILES PEINTES MODERNES

150 — Une suite de pastorales, genre Watteau, pour petit salon :

dont	un panneau	plein	largeur	4. ».
	un »	entaillé	»	3.50.
	un »	»	»	4.60.
	un »	plein	»	0.45.
	un »	»	»	0.60.

Hauteur générale, 2.85.

PEINTURES

151 — **Anonyme.** — Arcachon, barque de pêcheur sur le sable.
Long. 0.80.
Haut. 0.55.

152 — **Anonyme.** — Arcachon, pêcheurs de crevettes.
Long. 0.60.
Larg. 0.45.

153 — **Anonyme.** — Berger dans les Landes.
Haut. 0.60.
Larg. 0.45.

154 — **Alb. Kuyp,** (*copie*). — Personnages et animaux.
Larg. 0.85.
Haut. 0.60.

Planche N° 10

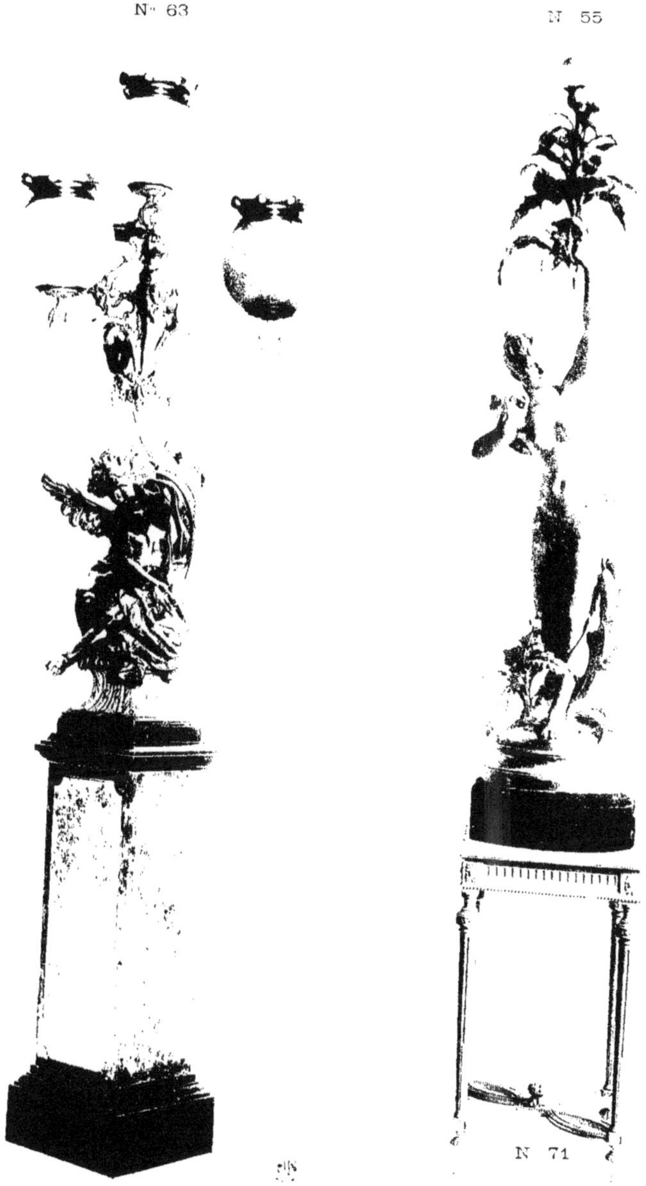

N° 63

N° 55

N° 71

155 — **Anonyme.** — Paysage, lisière de bois, deux jeunes femmes au bord d'un étang.

Larg. 1.05.
Haut. 0.95.

156 — **Anonyme.** — Maisons et pins au bord du bassin d'Arcachon.

Larg. 0.85.
Haut. 0.80.

157 — **Anonyme.** — Paysage au bord de la Dordogne.

Haut 0.90.
Larg. 1.30.

158 — **Copié.** — Moulins Hollandais.

Larg. 2.15.
Haut. 0.90.

159 — **Anonyme.** — Jeune femme nue, vue de dos, jouant avec cupidon, assis sur un tertre où sont les bijoux et vêtements.

Haut. 1.60.
Larg. 1.05.

160 — **Anonyme.** — Jeune fille nue dans un bois, se mirant au bord de l'eau.

Haut. 1.90.
Larg. 1.20.

161 — **Anonyme.** — Vue d'une maison, époque Louis XIII.

Larg. 0.40.
Haut. 0.50.

162 — **Ménard.** — Saules en prairie, au bord d'un ruisseau.

Larg. 0.40.
Haut. 0.50.

163 — **Anonyme.** — Bords de fôrets de pins, Arcachon.

Haut. 1.05.
Larg. 1.25.

164 — **Anonyme.** — Paysage, berger et mouton.

Haut. 0.70.
Larg. 0.80.

165 — **Anonyme.** — Coucher de soleil, landes et pins. Arcachon.

Haut. 0.70.
Larg. 0.80.

166 — **Villement,** (*copié*). — Paysage, personnages, animaux.

Larg. 0.80.
Haut. 0.60.

167 — **Anonyme.** — Bœufs au labour, le matin.

Larg. 0.75.
Haut. 0.55.

168 — **Anonyme.** — Barques de pêcheurs, bords du bassin. Arcachon.

Larg. 0.60.
Haut. 0.40.

169 — **Anonyme.** — Oliviers au bord de la Méditerranée.

Larg. 0.60.
Haut. 0.45.

170 — **J. Vernet.** (*copie*). — Naufragés, clair de lune.

Larg. 0.50.
Haut. 0.50.

171 — **Anonyme.** — Barques de pêcheurs sur le sable. Arcachon.

Larg. 0.65.
Haut. 0.50.

172 — **Anonyme** — Landes près du bassin.

Larg. 0.65.
Haut. 0.50.

173 — **Roqueplan** (*Attribué*). — Idylle peinture, époque romantique.

Larg. 0.75.
Haut. 0.85.

174 — **Copié** — Jeune hallebardier.

Larg. 0.70.
Haut. 1. ».

175 — **Copié.** — Jeune femme, jouant de la mandoline.

Larg. 0.70.
Haut. 1. ».

176 — **Anonyme** — Paysage dans les Pyrénées.

Larg. 0.50.
Haut. 0.45.

177 — **Andréa del Sarte**, (*copié*). — Vierge, enfant Jésus, Saint-Joseph.

Haut. 1.30.
Larg. 1.10.

178 — **Copié.** — Vierge, enfant Jésus.

Haut. 1.75.
Larg. 1.35.

179 — **Copié.** — Suzanne et les 2 Vieillards.

Haut. 1.20.
Larg. 1.60.

180 — **Anonyme.** — Mendiant, toile ancienne du XVIIe siècle, genre Callot, cadre bois sculpté doré.

Haut. 0.80.
Larg. 0.65.

181 — **Copié.** — Ruines romaines, genre Leclerq.

Haut.
Larg.

Planche N° 11

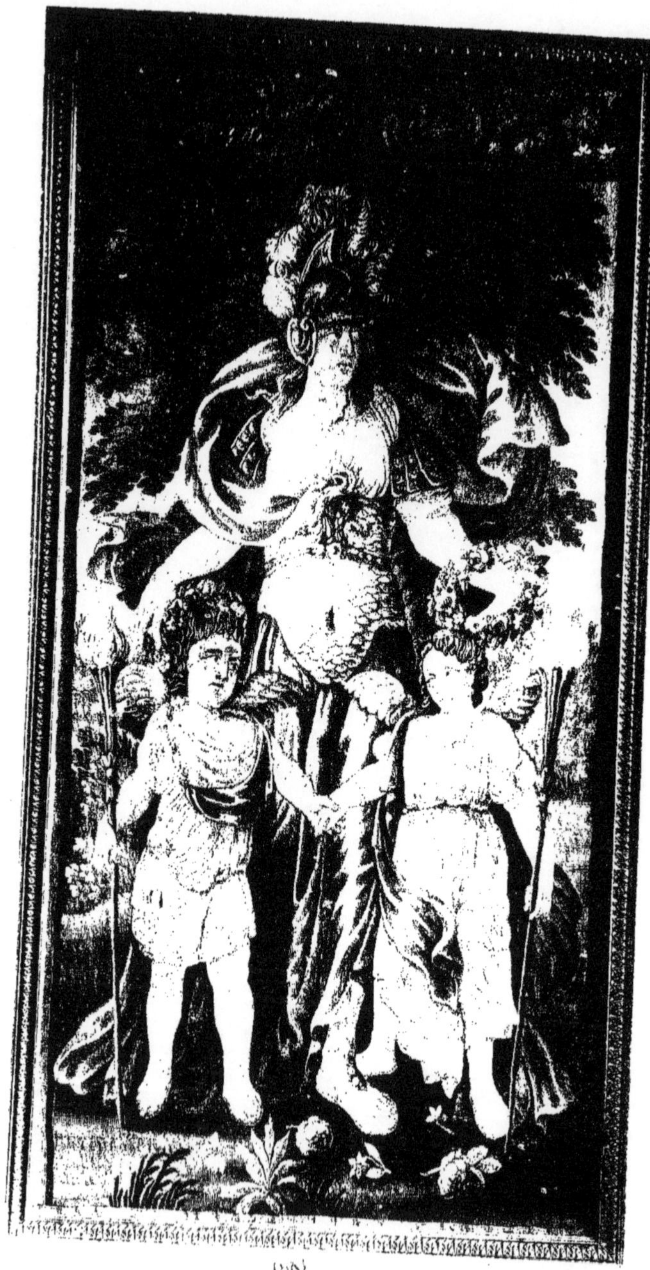

N° 148

Planche N° 12

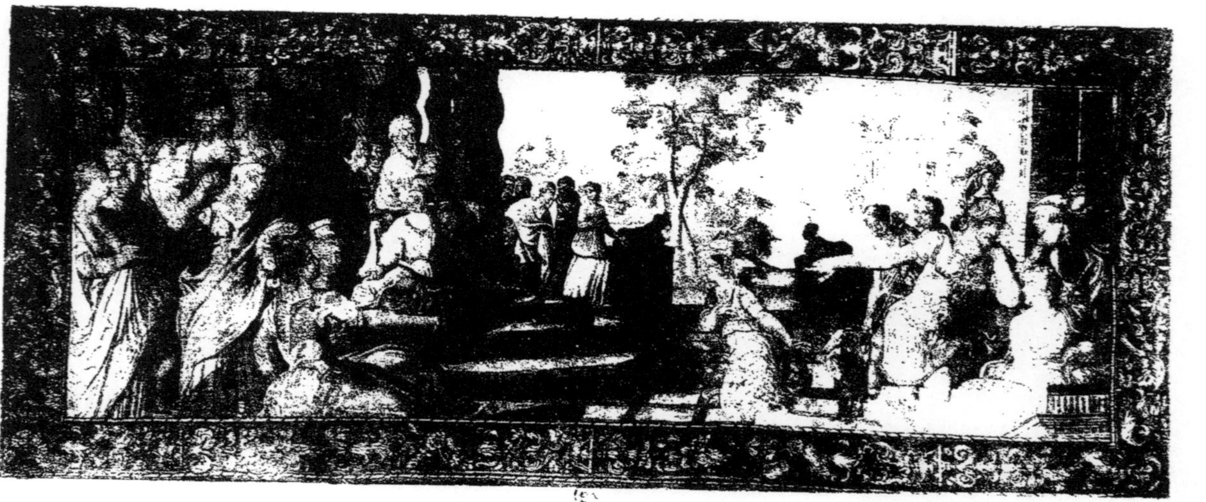

N° 146

182 — **D'après Rembrandt.**— Femme nue dans un harem. (*Copie de Fernand Sabatté* 1898).

Cadre pâte dorée.

Larg. 1.70.

183 — **Coypel,** (*attribut*). — Vénus caressant Adonis endormi, toile du commencement du XVIIIe siècle.

Cadre pâte dorée.

Larg. 1.20.
Haut. 1.50.

184 — **E. Petitjean.** — Vue d'un Moulin près du Village, charmante toile signée du Maitre.

Long. 1. ».
Larg. 0.75.

185 — **Raoux,** (*attribut*). — Jeune femme étudiant la tête, tenue par sa main gauche, le bras accoudé sur un socle, tenant un compas de l'autre main, posée sur des feuilles de papier.

Cadre, bois sculpté, doré, fin époque de Louis XVI.

Long. 1.30.
Larg. 1.10.

186 — **E. Tournès.** — Jeune fille assise contre une table, prenant de la confiture dans un pot, toile sous verre, signée.

Cadre style Louis XV, pâte dorée.

Long. 1. ».
Larg. 0.90.

187 — **Anonyme** — Jeune femme nue et amours, caressant un Lion.

Haut. 1.50.
Larg. 1.05.

188 — **Anonyme.** — Landes au bord d'une rivière.

Long. 0.55.
Larg. 0.40.

MARBRES SCULPTÉS

189 — **Copié.** — Vénus accroupie, marbre blanc.

Haut. 0.50.

190 — **Anonyme.** — Jeune fille assise au bord d'un ruisseau, tenant une mouche dans la main. Marbre blanc.

Haut. 0.70.

191 — Jeune fille sommeillant, à mi-corps sans les bras, travail en bas-relief. Marbre blanc.

Haut. 0.70.
Long. 0.45.

ORFÈVRERIE PLAQUÉ & ARGENTÉ

Plaqué Argent

192 — Ramasse-miettes, style Louis XV.

193 — Dessous de plat, ornements style renaissance, ajourés, avec sa lampe à alcool.

o. 24c carrés.

194 — 6 pieds de coupes, représentant des enfants, aux 4 angles, bronze ciselé argenté, avec 3 coupes seulement.

Haut. o. 12.

195 — 4 pieds de coupes, ornements style renaissance, à feuilles d'acanthe, 2 coupes.

Haut. o.15.

196 — 2 pièces de surtout de table, bronze ciselé argenté, représentant une femme assise, style renaissance, soutenant un cornet de chaque main.

Haut. o.30.

197 — 4 plateaux dessous de carafe, style Louis XV.

198 — 4 pièces pour thé ou café, théière, cafetière, sucrier, pot à lait, ciselés, armoiriées Christofle.

199 — Une ménagère, métal argenté.

200 — Plat creux, style Louis XV, bords contournés, à moulure Christofle.

o. 30.

201 — Plat ovale, style Louis XV, bords contournés, à moulure Christofle.

o.47.

202 — Plateau rectangulaire, à anses, style Louis XVI, armoirié Christofle.

o.50.

203 — Grand plateau ovale à anses, style Louis XV ciselures et gravures, initiale au centre, lettre G.

Long. o.75.

204 — Grand samovar, en métal argenté, style Louis XV.

205 — 2 grandes pièces, surtout de table en métal argenté et cristaux.

206 — Plat rond, style Louis XV, bords contournés, ornementés de moulures à feuillages, travail artistique.

Diam. o.30.

207 — Plat creux, id.

Diam. o 30.

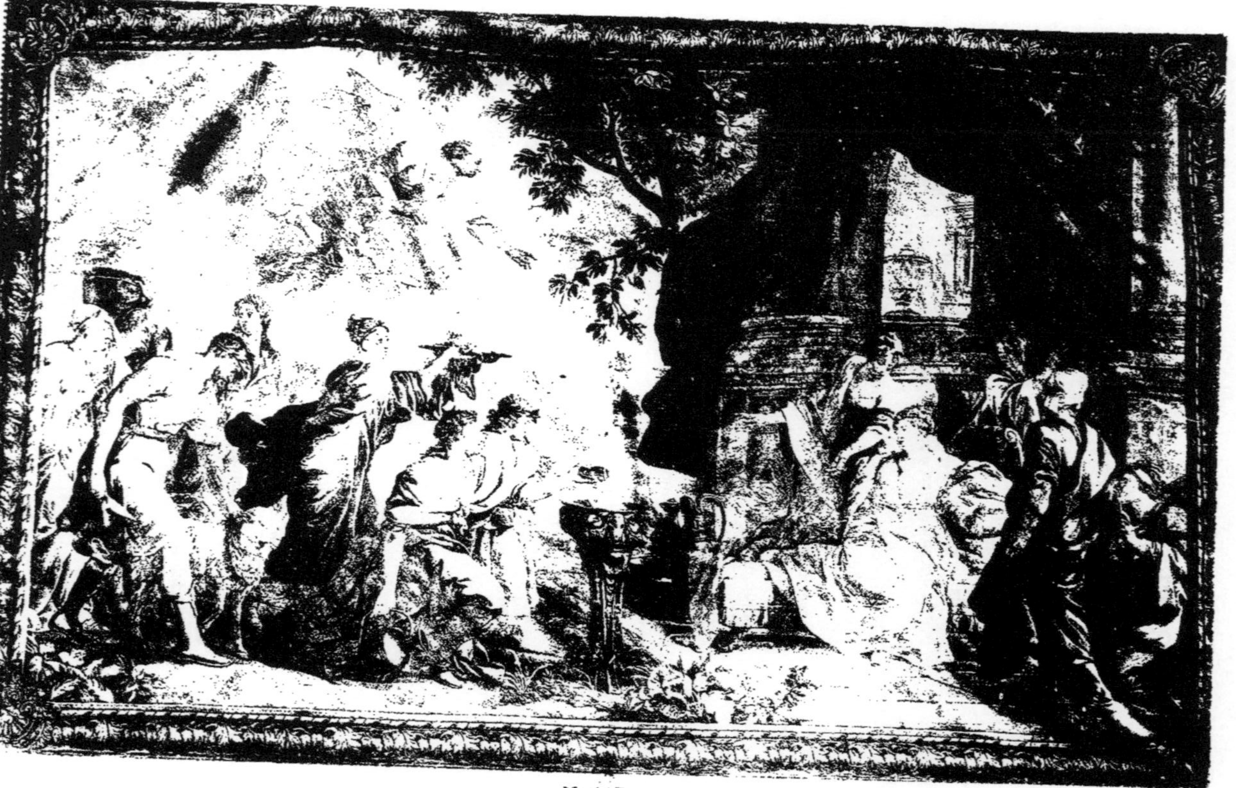

N 147

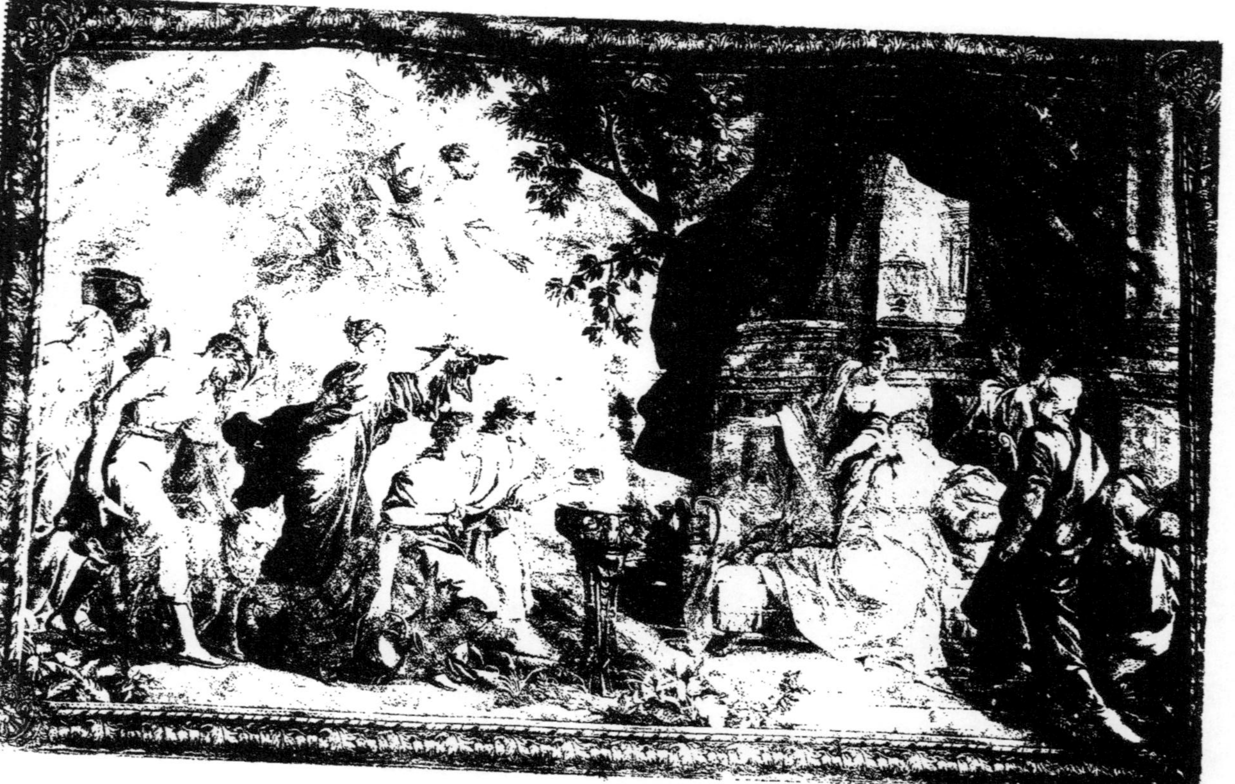

N° 147

Planche N° 14

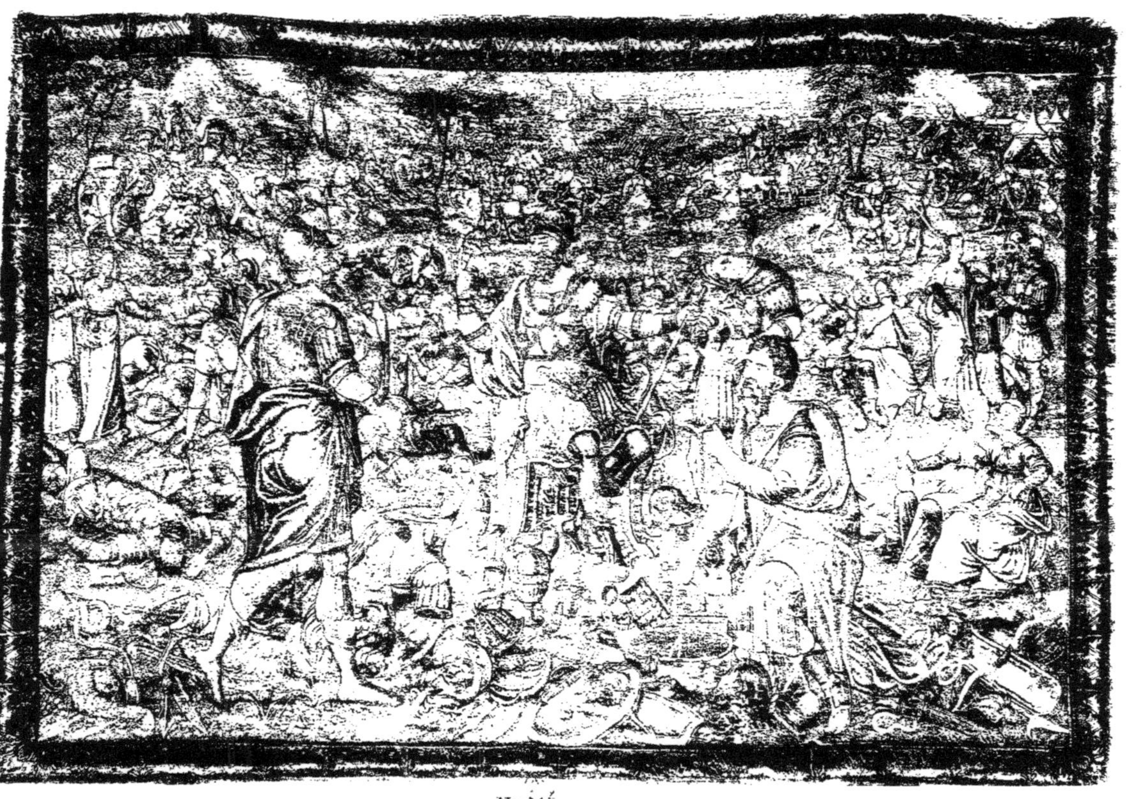

N° 145

208 — Grand plat, id.

Diam. 0.34.

209 — Plat ovale, id.

Diam. 0.40.

210 — Plat, id.

Diam. 0.45.

211 — Saucière à anses et plateau adhérent, de style Louis XIV, dans le goût de la Renaissance, ciselée, repoussée et gravée.

Long. 0.30.

212 — 4 pièces pour le thé et le café, de style Louis XV, repoussées, ciselées décorées de cartouches chantournées, agrémentées de feuillages, fleurs, fruits, d'un goût exquis, cafetière, théière, sucrier, pot-à-lait, 6 personnes.

213 — Une paire de flambeaux style régence, très élégants de forme, entièrement recouverts d'ornements en godron, feuillages, guirlandes de fleurs et lauriers, repoussés, ciselés.

Haut. 0.25.

ORFÈVRERIE EN ARGENT

214 — Deux drageoirs en vermeil, de forme oblongue, contournée, anse ajourée, ciselée, armoiries.

215 — Deux drageoirs, id.

216 — Moulin à poivre, style Louis XV, ciselé, chantourné.

217 — Moutardier **ancien**, de style Louis XVI, récipient cristal bleu, cartouches reliés par des guirlandes de fleurs, soutenues par des amours.

218 — Pince à sucre moderne.

219 — 4 petites salières rectangulaires, style gothique à panneaux ajourés, récipient cristal bleu.

220 — Bol à glace, en cristal blanc, gravé d'un décor, style renaissance d'un travail artistique, le plat d'assise et le bord garnis d'un galon en vermeil.

Diam. 0.25.
Haut. 0.11.

221 — Porte huilier, style empire, d'un travail très fin, joli de décors de l'époque de 1830, burettes cristal bleu taillé, bon état.

222 — Un légumier à oreilles, style Louis XV, sans couvercle.

223 — Deux petits plats ronds, bordés d'un galon style empire.
Diam. 0.27.

COUVERTS ARGENT

224 — Boite de 12 cuillers à café et pince à sucre vermeil, état de neuf.

225 — Boite de 12 couteaux, dont 6 à dessert, lame de forme Louis XV, manche ivoire, virole argent.

226 — Boite des 12 grands couteaux, style Louis XV, manche argent ciselés, armoriés.

227 — Boite renfermant 12 grands couteaux, manche argent, identique aux 12 précédents.
12 à fruits, lame argent.
23 à dessert manche nacre, virole argent.

228 — Boite renfermant :

1er Compartiment

12 Couverts armoiriés.
6 Cuillères à café.
6 Fourchettes à huitres.
6 Couteaux à dessert, lame argent.

2e Compartiment

6 Couteaux à dessert, tout lame argent gravé.
6 Fourchettes (id) armoiriées.
Service à découper, lame d'acier, manche ivoire.
Service à salade, (id).
12 couteaux dessert (id).
Et comme complément :
12 grands couteaux allant avec, qui n'ont pas de boite.

229 — Une louche argent.

230 — Boite en chêne, armoiriée renfermant :

1er Compartiment

18 Grands couverts.
18 Fourchettes à huitres.

Planche N° 15

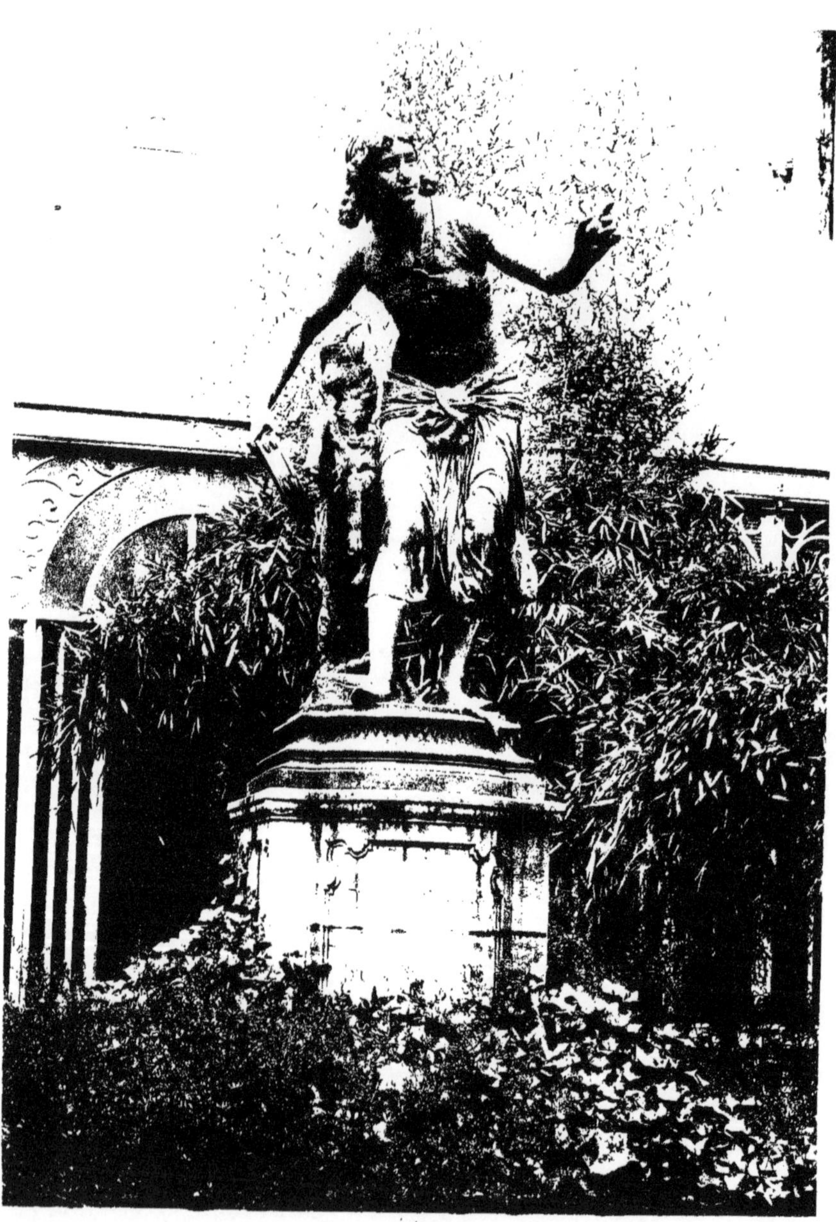

N 68

2e Compartiment

18 Couverts à dessert.
18 Cuillers à glace, en forme de spatule, en vermeil gravé.

3e Compartiment

18 Fourchettes.
18 Couteaux à fruits en lame gravée.

4e Compartiment

12 Pièces pour entremets et dessert.
Truelle, lame vermeille, gravée.
Serpe à gâteaux, (id).
Cuillers à fruits confits (id).
Grande cuillère à glace.
Grande cuillère, gravée
Petit trident (id).
Petite truelle allant avec, (id).
Petite cuillère, forme de coquille, (id).
Petite id. forme unie, (id).
Cuillère à sucre en forme de coquille. } Ces deux pièces ne sont
2 grandes cuillères arrondies. } pas en vermeil.

5e Compartiment

11 pièces.
Truelle à asperges, découpée, gravée.
Fourchette et truelle à poissons.
Manche à gigot.
Cuillère à fromage, gravé.
Truelle à patisserie, (id).
Fourchette à fruits.
2 cuillères à sucre en poudre, ajourées.
1 cuiller à sel, (id).
1 cuiller à poivre, (id).

www.ingramcontent.com/pod-product-compliance
Ingram Content Group UK Ltd.
Pitfield, Milton Keynes, MK11 3LW, UK
UKHW020355180726
13839UKWH00003B/1108

9 782329 550664